Pit Grove:
Jaja, die Liebe ...
Cartoons

Ausgewählt von Manfred Schmidt



Deutscher
Taschenbuch
Verlag

dtv

Ungekürzte Ausgabe
April 1978
Deutscher Taschenbuch Verlag GmbH & Co. KG,
München

ISBN 3-7979-1648-5
Umschlaggestaltung: Celestino Piatti unter Verwendung einer Zeichnung von Pit Grove
Gesamtherstellung: C.H.Beck'sche Buchdruckerei, Nördlingen
Printed in Germany · ISBN 3-423-01350-8

Das Buch

Da kommt ein Mann spät in der Nacht nach Hause und findet auf dem Tisch einen Zettel, auf dem geschrieben steht: »Dein Essen steht im Kochbuch Seite 98 Abs. II.« Bis es zu solchen Aktionen einer offensichtlich langjährigen, frustrierten Ehefrau kommt, ist es jedoch ein weiter und keineswegs nur enttäuschender Weg. Pit Grove ist dem unerschöpflichen Thema Liebe in allen seinen Varianten nachgegangen, und Manfred Schmidt, sein Freund und Kollege, hat die schönsten und frechsten Cartoons für diesen Band ausgewählt. Es beginnt logischerweise mit der »Kontaktsuche«, steigert sich mit dem munteren Kapitel »Tätige Liebe«, und nach einem Zwischenspiel um »Nackte Tatsachen« landet der Betrachter in der »Ehe«. Auch »Krisen« und »Seitensprünge« wollte Pit Grove nicht außer acht lassen. Zugegeben, seine Cartoons sind oft ein bißchen frivol, und manchmal übertreibt er ganz gewaltig. Aber das ist gerade der Witz dieser kurvenreichen Schöpfungen, etwa wenn eine bildhübsche Stenotypistin an ihrem aufregenden Dekolleté eine Mausefalle trägt und ihr Chef mit einer bandagierten Hand diktieren muß. »Mausis Falle« nannte das Pit Grove, der bei seinen Zeichnungen keinen Strich zuviel machte und kein Wort mehr als notwendig dazu schrieb.

Der Autor

Pit Grove (1913-1973) war einer der bekanntesten deutschen Karikaturisten der letzten Jahrzehnte. Es gab kaum eine Zeitschrift, in der er mit seinen Zeichnungen nicht vertreten war.

# INHALT


KONTAKTSUCHE

TÄTIGE LIEBE

NACKTE TATSACHEN

EHE

KRISEN

SEITENSPRÜNGE

# Die Muse küßte nur im Liegen ...

Der griechische Weise Aristoteles (384–322 v.Chr.) behauptete: »Dem Menschen fällt nur dann etwas Gutes ein, wenn er spazieren geht«.

Der deutsche Karikaturist Pit Grove (1913–1973) bewies rund zweieinhalb Jahrtausende später das Gegenteil: Ihm fiel immer dann etwas Gutes ein, wenn er bequem auf dem Rücken lag, am liebsten im Gras oder im Sand, vor allem aber in der Sonne.

In den blauen Himmel blinzelnd und den Vögeln lauschend durchdachte Pit Grove dieses und jenes, vor allem jenes. Die Tatsache, daß ihm die meisten guten Einfälle in horizontaler Lage kamen, ist vielleicht eine Erklärung für das immer wiederkehrende Hauptmotiv seiner Zeichnungen: Die Liebe mit allen ihren Irrungen und Wirrungen von der Vertikalen in die Horizontale und zurück. Es ist ihm erstaunlich viel dazu eingefallen, und dieses Buch soll der Nachwelt wenigstens einen Bruchteil davon erhalten. Manches mag dem Leser bekannt vorkommen, denn es gibt wohl keine Zeitschrift oder Illustrierte, in der Pit Grove nicht vertreten war.

Das Leben des Humoristen Pit Grove begann stilgerecht damit, daß er in der Berliner Charité bereits wenige Minuten nach seiner Geburt vertauscht wurde, und zwar mit einem Knäblein, das die Gattin eines Bestattungsunternehmers im gleichen Etablissement und zur gleichen Stunde zur Welt gebracht hatte. Angeblich wurde der Irrtum schnellstens bereinigt, aber Groves Mutter blieb ihr Leben lang skeptisch. Und er selber auch.

Jeder, der ihn kannte, bewunderte sein unerschütterlich freundliches Naturell. Mit ihm Krach zu kriegen war ausgeschlossen. Das Äußerste, was er sich als Temperamentsausbruch leistete, war nach Aussage seiner Frau ein um eine Nuance kräftigeres Hochdrücken der Klinke, wenn er die Tür hinter sich schloß, um einem Disput zu entgehen. Nichts, aber auch gar nichts konnte ihn aus der Ruhe bringen, die er so über alles liebte. Groves Toleranz, die keineswegs mit Wurstigkeit zu verwechseln ist, war eine logische Folge seiner messerscharfen Beobachtungsgabe. Mit listigen Augen verfolgte er das irre Treiben der Menschen um ihn herum, analysierte das Gesehene und Gehörte in der oben erwähnten Horizontalen und destillierte das Ganze – fast hätte ich geschrieben, »zu Witzen«, aber das wäre ein zu grober Ausdruck. Sagen wir lieber: Zu mit leichter Hand hingestrichelten Bildpointen.

Pit Grove besaß eine der für Karikaturisten wichtigsten Eigenschaften: Er war faul im allerbesten Sinne. Er machte keinen Strich zuviel und schrieb dazu kein Wort mehr als unbedingt nötig. Diese weise Selbstbeschränkung hatte den Zweck, ihm möglichst viel Freizeit und damit Freiheit zu verschaffen. In der so gewonnenen Freizeit war er allerdings überhaupt nicht faul, sondern ungeheuer sportlich. Er machte Wildwasserfahrten im Kajak oder tauchte im Mittelmeer, so oft und so lange er konnte, wobei er manchmal römische Tongefäße vom Meeresboden mit nach oben schleppte. Aber nach diesen sportlichen Verrichtungen war er sofort wieder faul, legte sich in die Sonne und bedachte dieses und jenes. Er wollte dann nur sein Ruhe haben. Termindruck und sogenannten »Streß« wies er weit von sich. Deshalb pflegten seine Freunde zu sagen: »Wenn Du einmal stirbst, dann bestimmt nicht an einem Herzinfarkt.«

Aber genau das tat er.

Er war ein echter Humorist.

M. Sch.

# KONTAKTSUCHE

Rohrpost

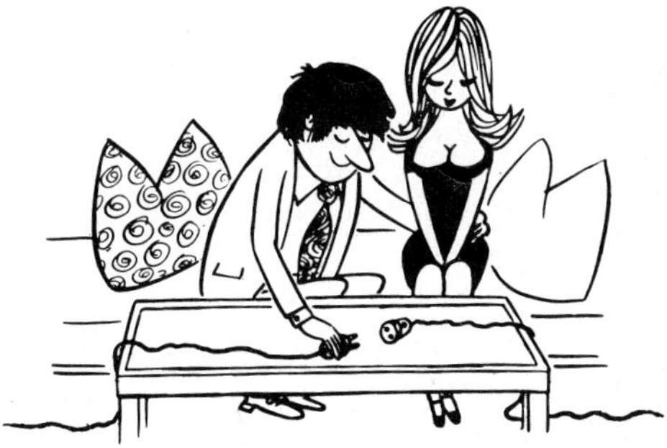

Anspielung

Autofalle

Neubauwohnungsnachbar

»Ich will keine Zeit verplempern ... wo ist hier der reichste Junggeselle?«

»Gestatten: Schulze! Ich bin Ihr neuer Nachbar und gerade hinter einem Maulwurf her ...«

»Darf ich Ihnen meinen Platz anbieten?«

»Die Blassen sind die Besten – die haben noch das ganze Urlaubsgeld ...«

Schleuderbrett-Nummer

Fallschirmjägerin

Kraftmeier

Gipfelstürmer

»Treten Sie ein, wer immer Sie auch sein mögen!«

»Darf ich fragen, ob Sie nach dem Brand etwas vorhaben?«

Mausis Falle

1

2

3

4

Gezielte Werbung

»Aber nein, Fräulein Inge, so war es nicht gemeint, als ich mich mit Ihnen an der Hedwigskirche verabredete!«

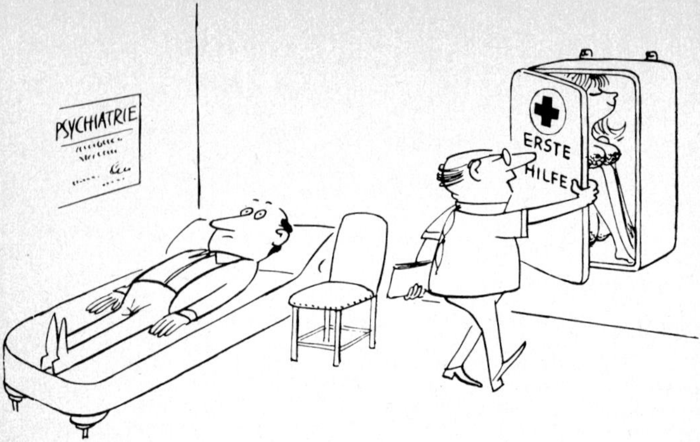


Das Allheilmittel

Ein Geschenk des Himmels

# TÄTIGE LIEBE

Die genaue Zeit

Liebesbeweis bei gutem …

… und bei schlechtem Wetter

»Wieder reingehen und tanzen? Aber tanzen konnten Sie doch *auch* nicht!«

Das besonders gut gelungene Gartenfest

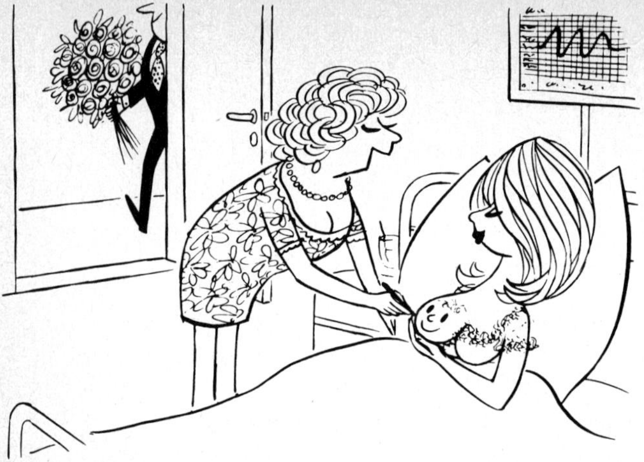

»Vom Blinddarm sagen wir ihm gar nichts! Er soll mal einen ordentlichen Schreck kriegen ...«

Letzte Mahnung

Erntezeit

»Ich habe es geahnt, daß ich heute mit Ihnen noch irgendwo im Bett landen würde.«

»Ich messe grundsätzlich alles nach, was den Unfall verursacht haben könnte ...«

Der brave Mann denkt an sich selbst zuerst!

»Bitte getrennte Rechnungen!«

Zweckform

»Nein, meine Schwester kann kein Wort arabisch, aber das macht nichts: Die Zahlen sind dieselben wie bei uns ...«

Liebeserklärung mit Sägefisch

Konsumgesellschaft

Im freien Wettbewerb …

... oder: Natürliche Auslese

Mehrzweck-Bett

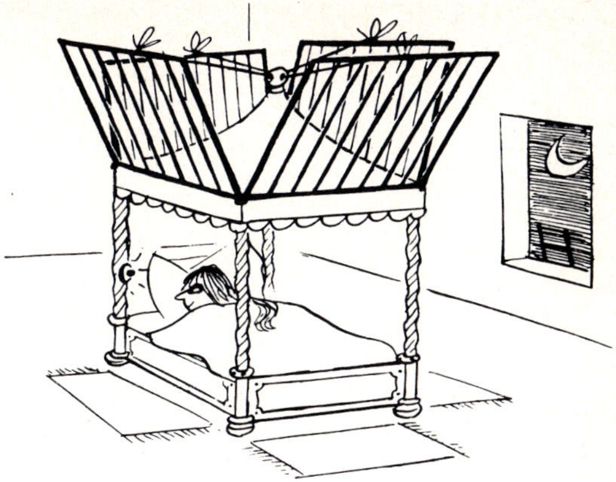

Männerfalle

Autoritäres Bett

Bedarfsfalltür

»Ich habe gesagt: *Brust raus*!!!«

Das Nachtlager

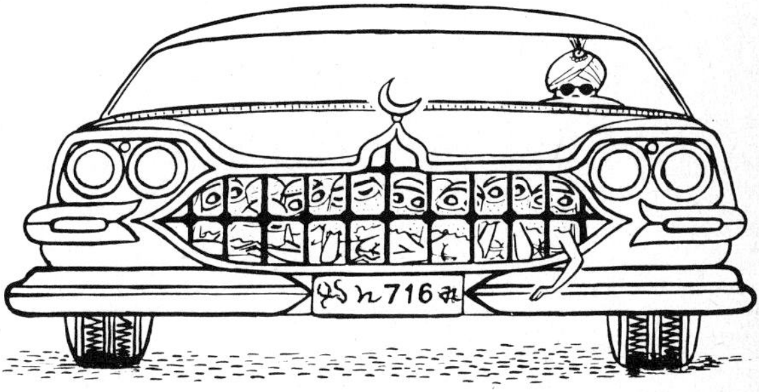

Reiseproviant

Der Außenseiter

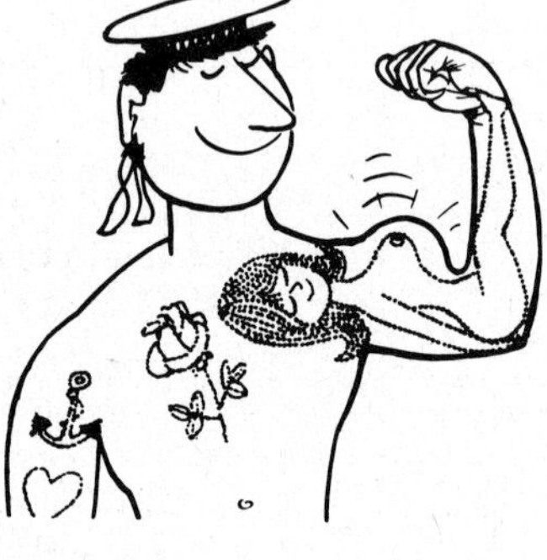

Künstlerische Formgebung

# NACKTE TATSACHEN

Immer Kavalier ...

Wasserspiele

»Haben *Sie* noch was zu verlieren?«

Schöpfungsdrang

Nach dem Leben gezeichnet

Naturalismus

Wehe, wenn sie losgelassen

Durst

Wunder der Technik

Blickpunkte

Stereo

Sehschärfe

»... und *das* soll ein Herrenabend sein?«

Herrenschirm

# EHE

»Spring, Hugo! Letzte Fluchtchance!«

»Er hat sich nur etwas Mut angetrunken ...«

»Das ist mein Verflossener ... er soll dich in Haushaltsfragen einarbeiten!«

»Ätsch! Du hast wieder deinen ersten Mann geheiratet!«

»Was willst du damit sagen?!?«

»Nanu ... was ist los? Essen angebrannt? Auto verbeult?«

»Nein, Starrkrampf ist es nicht ... aber Sie sollten Ihren Gatten nicht ausschließlich aus der Tiefkühltruhe ernähren ...«

Hausfrauen-Telefon

»Wie soll Pappi deine Schularbeiten machen, wenn du den Fernseher so laut stellst?«

»Das ist doch wahnsinnig vorteilhaft! Du brauchst nur zu verunglücken – und schon bekomme ich fünfhunderttausend Mark!«

»Nimm deine Schlaftabletten nicht schon, während ich noch mit dir rede ...«

»Das Kräftigungsmittel, das du gestern auf den Rasen gestreut hast, wirkt ganz erstaunlich ...«

»N'Abend, Liebling, war was?«

»Du kannst beruhigt einschlafen. Unser Hund ist wieder da.«

»Mach endlich Schluß mit deiner Abmagerungskur!«

»Die Staubsaugervertreter werden immer frecher. Jetzt kommen sie schon mit Leitern!«

»Sie kennen diesen Artikel sicher aus der Fernsehwerbung!«

»... Und schreiben Sie mir bitte noch eine Bescheinigung, weshalb ich so stark dufte. Meine Frau ist wahnsinnig eifersüchtig!«

»Jaja, Herr Doktor, er glaubt, er sei eine Biene. Ich hätte Sie schon längst kommen lassen, aber wir wollten nicht auf den Honig verzichten ...«

»Wie hübsch könnte alles sein, wenn du nicht so bequem wärst ...«

»Etwas mehr nach links, Schatz, und etwas höher ...«

# KRISEN

»Da du gerade am Raten bist – rate mal, was heute vor zwanzig Jahren war ...«

Lampenfieber

»Was ist nun, kommst du zum Essen oder nicht?«

»Das ist sicher nur ein Trick, damit er mal ohne dich ausgehen kann ...«

Sprechstunde

»Wenn dir das nicht paßt, kauf mir eine Spülmaschine!«

DEIN
ESSEN
STEHT IM
KOCHBUCH
SEITE 98 ABS II

»Gib mir die Scheckkarte, falls wir uns verlieren sollten ...«

»Genau das ist es, was ich dir immer sagte: *Nichts* machst du richtig!«

Sicher mit der Bundesbahn

# SEITENSPRÜNGE

»Sie haben enormes Glück: Ich bin Anwalt für Scheidungssachen!«

»Der Mann meiner Freundin versteht mich nicht.«

Seitensprungtuch

Hauptsache: Kühl bleiben!

»Das sind die Nachteile der gleitenden Arbeitszeit!«

»Es wird Zeit, daß wir uns wieder auf dem Bordfest sehen lassen – dein Mann könnte Verdacht schöpfen.«

Suchbild

Verdacht

Die Vision

»Wie ich sehe, können Sie es Ihrer Frau nicht hundertprozentig beweisen . . .«

Datenverarbeitung

»Dein Mann war dran – er sagte, meine Frau sei bei euch und spiele mit dir Bridge!«

»Du mußt mir fünfhundert Mark leihen – meine Frau will endlich das Geld für meine vielen Überstunden sehen.«

Zur Kasse!

Viertelstundenhotel

Solide Basis

# Cartoons

dtv

**Gerard Hoffnung:**
**Hoffnungslos**
**514**
**Vögel, Bienen, Klapperstörche**
**Hoffnungs Sprößlinge**
**630**
**Hoffnungs Potpourri**
**900**

**Der große Mordillo**
**Cartoons zum Verlieben**
**1288**

**Ronald Searle:**
**Das eckige Ei**
**984**

**Sempé:**
**Um so schlimmer**
**784**

**Jules Stauber:**
**Leben und leben lassen**
**Originalausgabe**
**1225**

**Thelwells vollständiges Hunde-Kompendium**
**1046**
**Thelwells Reitlehre**
**1175**

**Chaval:**
**Sie sollten weniger rauchen**
**814**

**Don Dekker/ The Tjong Khing:**
**Der Rebbe**
**Deutsche Erstausgabe**
**1118**

**Paul Flora:**
**Auf in den Kampf**
**859**

# Stilblüten

dtv

**Emil Waas (Hrsg.):**
**Kuckucksuhr mit Wachtel**
Reklame der Jahrhundertwende
Originalausgabe
448

**Margit und Emil Waas (Hrsg.):**
**Erwarte Näheres unter vier Buchstaben**
Kleinanzeigen und Pressenotizen der Jahrhundertwende
569

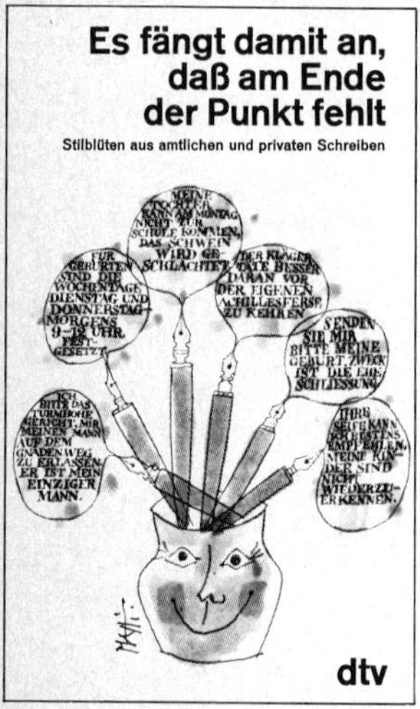


**Es fängt damit an, daß am Ende der Punkt fehlt**
Stilblüten aus amtlichen und privaten Schreiben
Originalausgabe
962

**Sehr geehrter Herr Firma!**
Stilblüten aus amtlichen und privaten Schreiben
Originalausgabe
1160

**Boris Wittich (Hrsg.):**
**Zeugen liegen bei**
Stilblüten aus Polizeiberichten und Gerichtsverhandlungen
Originalausgabe
1226